Niños educados

¡No digas eso!

Janine Amos   Ilustraciones de Annabel Spenceley
Consultora Rachael Underwood

Gareth Stevens Publishing
A WORLD ALMANAC EDUCATION GROUP COMPANY

Please visit our web site at: www.garethstevens.com
For a free color catalog describing Gareth Stevens Publishing's
list of high-quality books and multimedia programs, call
1-800-542-2595 (USA) or 1-800-387-3178 (Canada).
Gareth Stevens Publishing's fax: (414) 332-3567.

Library of Congress Cataloging-in-Publication Data available upon request
from publisher. Fax (414) 336-0157 for the attention of the Publishing
Records Department.

ISBN 0-8368-3679-0 (lib. bdg.)
ISBN 0-8368-3693-6 (softcover)

This edition first published in 2003 by
Gareth Stevens Publishing
A World Almanac Education Group Company
330 West Olive Street, Suite 100
Milwaukee, Wisconsin 53212 USA

Series editor: Dorothy L. Gibbs
Graphic Designer: Katherine A. Goedheer
Cover design: Joel Bucaro
Translators: Colleen Coffey and Consuelo Carrillo

This edition © 2003 by Gareth Stevens, Inc. First published by Cherrytree Press,
a subsidiary of Evans Brothers Limited. © 1999 by Cherrytree (a member of the
Evans Group of Publishers), 2A Portman Mansions, Chiltern Street, London
W1U 6NR, United Kingdom. This U.S. edition published under license from
Evans Brothers Limited. Additional end matter © 2003 by Gareth Stevens, Inc.

Printed in the United States of America

1 2 3 4 5 6 7 8 9 07 06 05 04 03

Una nota a los padres y a los educadores

Pueden utilizar las preguntas que aparecen en **negrita** para iniciar
un debate con sus hijos o con la clase. Animen a los niños a pensar
en posibles respuestas antes de continuar con la lectura.

El dragón de Johnny

Todos están pintando dragones.

Raj pinta dientes en su dragón.

6

Johnny pinta por todo el papel.

Raj señala con el dedo
la pintura de Johnny y se ríe.

"¡Eso no es un dragón!", dice Raj.

"¡No digas eso!", grita Johnny.

"No puedes pintar un dragón", dice Raj.

Johnny tira su pincel y le enseña el puño.
¿Cómo crees que se siente Johnny?

12

Steve se acerca.
"¡Para, Johnny!", dice Steve.
"Eso no se hace. Vamos a hablar".

"Raj dice que mi pintura
no es un dragón", dice Johnny.

"No está bien que hables así, Raj", dice Steve.
¿Cómo crees que se siente Raj?

"Tú pintaste tu dragón a tu manera y
Johnny pintó su dragón a la suya", dice Steve.

"Vamos a mirar todos los dragones", dice Steve.

17

"Todos son diferentes", dice Raj.
"¡Sí!", afirma Steve.
"Todos tenemos ideas diferentes".

18

Tomates maduros

Katie está en la casa de su papá.
"¿Qué vamos a hacer hoy?", pregunta su papá.

"¿Están maduros los tomates?", pregunta Katie.
"¿Podemos recogerlos?"

"¡Vamos a ver!", dice el papá.

"Algunos ya están maduros", dice él.
"Puedes empezar a recogerlos.
Voy a buscar un plato hondo".

23

Katie está emocionada.
Ella empieza a recoger los tomates.

Recoge más y más.

Su papá regresa con el
plato hondo. "¡Espérate!", dice.
"¡Los verdes no están listos todavía!"

"¡Ay, qué tonta soy!", dice Katie.
¿Cómo crees que se siente ella?

27

"¡No digas eso!", dice el papá.
"No es cierto. Sólo te equivocaste".

"¡Pero qué podemos hacer con los verdes?",
pregunta Katie.

29

"No hay problema", dice el papá.
"Podemos ponerlos en la ventana".

"El sol los madurará".

Cuando las personas dicen cosas que no nos gustan, es muy importante decírselo. "¡No digas eso!" es una manera de pedirles que dejen de hablar y piensen más acerca de lo que dicen. Si puedes, explícales por qué no te gusta lo que dicen. Después, habla con ellos sobre el problema.

Más libros para leer

Be Quiet, Parrot! Jeanne Willis (Carolrhoda Books)

Communication. Aliki (Econo-Clad Books)

The Honest-to-Goodness Truth. Patricia C. McKissack (Atheneum)